Mi gato
Katie Gillespie
EYEDISCOVER

Ve a **www.eyediscover.com** e ingresa el código único de este libro.

CÓDIGO DEL LIBRO

AVC84339

EYEDISCOVER te trae libros mejorados por multimedia que apoyan el aprendizaje activo.

Published by AV² by Weigl
350 5th Avenue, 59th Floor New York, NY 10118
Website: www.eyediscover.com

Library of Congress Control Number: 2018942790

ISBN 978-1-4896-8223-9 (hardcover)

Printed in the United States of America
in Brainerd, Minnesota
1 2 3 4 5 6 7 8 9 0 22 21 20 19 18

052018
011618

English Editor: Katie Gillespie
Spanish Editor: Ana María Vidal
Designer: Mandy Christiansen
Spanish/English Translator: Translation Services USA

Weigl acknowledges Getty Images, iStock, Alamy, Minden, and Shutterstock as the primary image suppliers for this title. Page 1: Addy Gladstone.

EYEDISCOVER proporciona contenido enriquecido, optimizado para el uso en tabletas, que complementa este libro. Los libros de EYEDISCOVER se esfuerzan por crear un aprendizaje inspirado e involucrar a las mentes jóvenes en una experiencia de aprendizaje total.

Mira
El contenido de video da vida a cada página.

Navega
Las miniaturas simplifican la navegación.

Lee
Sigue el texto en la pantalla.

Escucha
Escucha cada página leída en voz alta.

Tu EYEDISCOVER con Seguimiento de Lectura Óptico cobra vida con...

Audio
Escucha todo el libro leído en voz alta.

Video
Los videos de alta resolución convierten cada hoja en un seguimiento de lectura óptico.

OPTIMIZADO PARA
- TABLETAS
- PIZARRAS ELECTRÓNICAS
- COMPUTADORES
- ¡Y MUCHO MÁS!

Mi gato

En este libro, aprenderás sobre

- qué come
- cómo lo cuido
- qué hace

¡y mucho más!

Yo amo a mi gato.

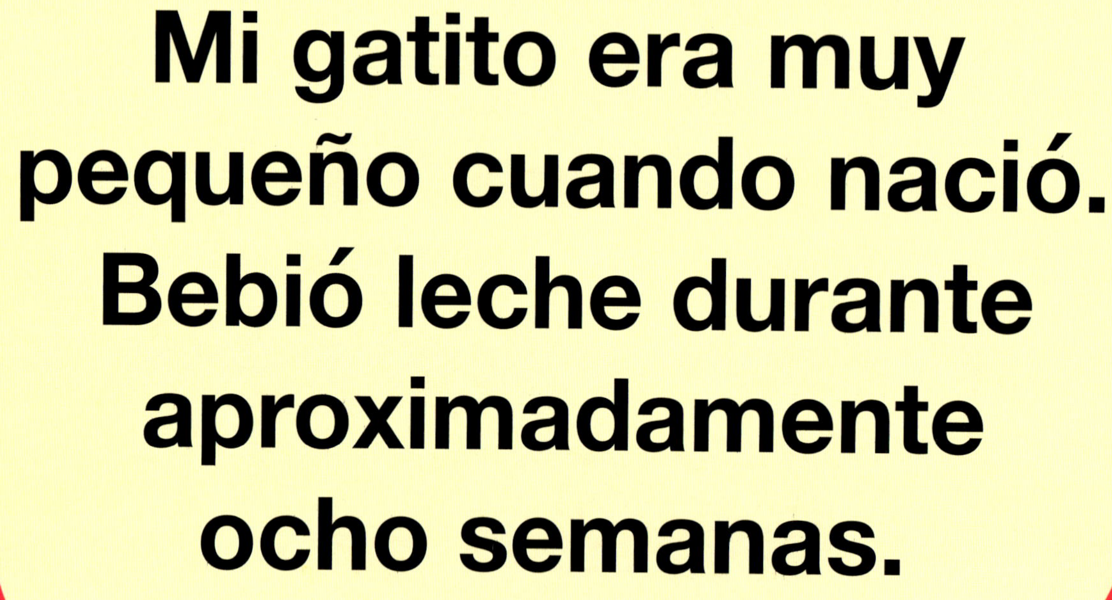

Mi gatito era muy pequeño cuando nació. Bebió leche durante aproximadamente ocho semanas.

Los gatos duermen durante aproximadamente 15 horas todos los días. Mi gato toma muchas siestas.

Los gatos pueden saltar muy alto. Mi gato puede saltar sobre nuestra cerca.

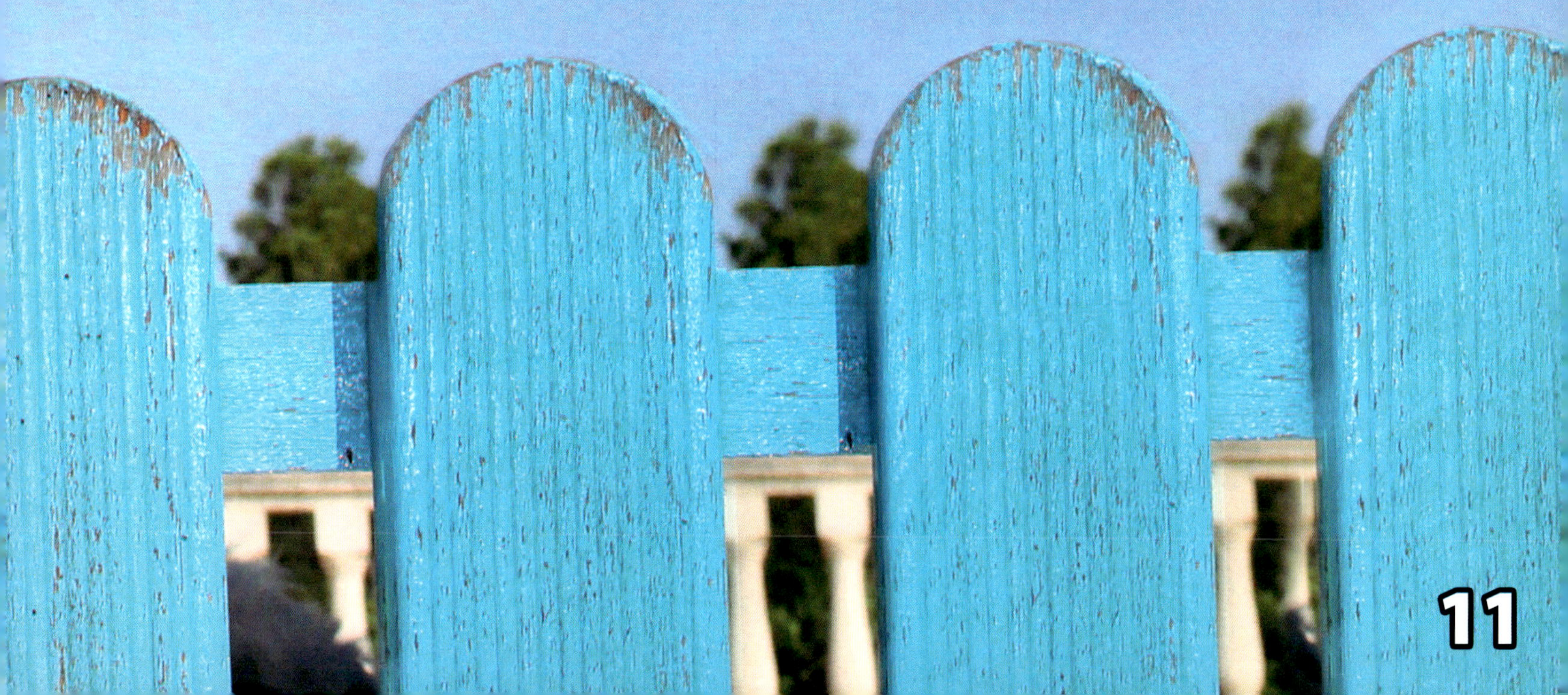

Mi gato come dos veces al día. Le doy comida húmeda y comida seca.

Los gatos se lamen el pelaje para acicalarse. Ellos usan sus lenguas ásperas como peines.

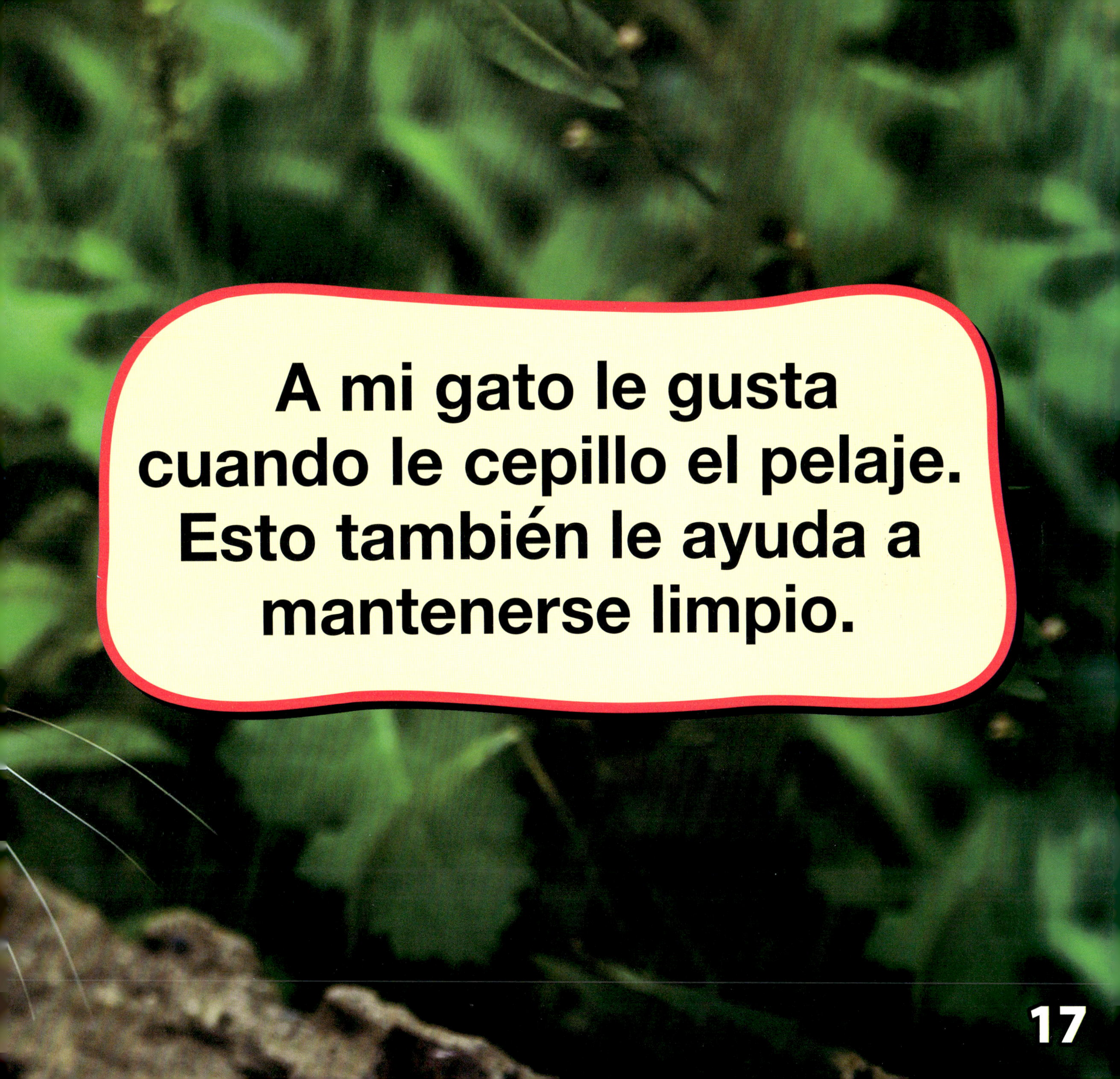

A mi gato le gusta cuando le cepillo el pelaje. Esto también le ayuda a mantenerse limpio.

Mi gato puede ver bien por la noche. Sus ojos brillan en la oscuridad.

Los gatos necesitan chequeos regulares. El veterinario se asegura de que mi gato se mantenga saludable.

GATOS EN NÚMEROS

Los gatos **sudan** por sus **PATAS**.

Los gatos tienen **32**

músculos en **cada** oreja.

Un gato puede correr hasta 30 millas por hora.
(50 kilómetros por hora)

#1

Bella

es el nombre de gato **más popular** en los **Estados Unidos.**

de gatos mascota en los Estados Unidos.

Los gatos **caminan** y **corren** en **puntillas.**

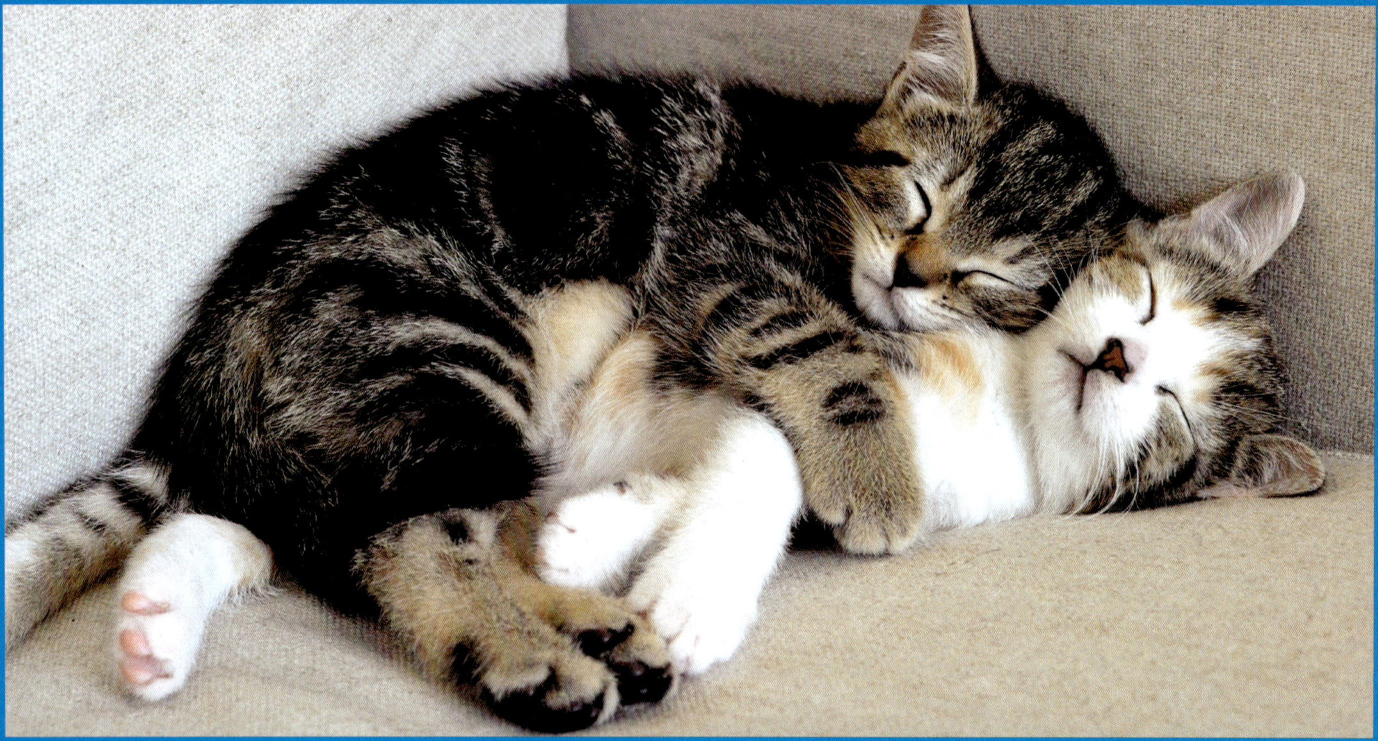

Mira
El contenido de video da vida a cada página.

Navega
Las miniaturas simplifican la navegación.

Lee
Sigue el texto en la pantalla.

Escucha
Escucha cada página leída en voz alta.

Ve a www.eyediscover.com e ingresa el código único de este libro.

CÓDIGO DEL LIBRO

AVC84339